EL LIBRO DEL CAMBIO

Cómo propiciar lo que necesito

ENRIC LLADÓ

Categoría: Directivos y líderes
Colección: Biblioteca Enric Lladó

Título original: *El libro del cambio. Cómo propiciar lo que necesito*

Primera edición: Marzo 2021
© 2021 Editorial Kolima, Madrid
www.editorialkolima.com

Autor: Enric Lladó Micheli
Dirección editorial: Marta Prieto Asirón
Maquetación de cubierta: Sergio Santos Palmero
Maquetación: Carolina Hernández Alarcón

ISBN: 978-84-18263-77-4
Depósito legal: M-7016-2021
Impreso en España

ÍNDICE

A veces cuesta tanto cambiar ciertas cosas que parece imposible.

Y sin embargo hay algo misterioso dentro de nosotros que nos empuja a seguir adelante una y otra vez.

Quizás sea el ejemplo de aquellos que mucho antes lo hicieron posible.

O quizás sea que todos llevamos dentro la semilla del cambio.

Y que de alguna manera, lo sabemos.

DESEO

Antes de salir de casa echo un vistazo en el espejo para comprobar qué tal me veo.

Alguna cosa no acaba de cuadrar. El problema es esa camiseta. Demasiado ajustada. Está claro que no me queda bien. Así que, dicho y hecho, la cambio por otra de una talla mayor.

Vuelvo a mirarme en el espejo. Ya no me veo tan mal, pero me doy cuenta de que hay algo más. Mmm...

Me sobran unos kilos. La talla de más lo disimula pero no lo arregla. Me vendría bien bajar de peso... y no solo por estética.

Inmediatamente acuden a mi cabeza todos los intentos que he hecho hasta ahora y que no han dado resultado.

Perder peso no es como cambiar de camiseta.

Es un cambio mucho más relevante, y también será mucho más difícil porque encontraré una gran resistencia.

RESISTENCIA

Expongo una propuesta en la reunión de vecinos, pero antes de terminar me interrumpe el tipo desagradable de siempre.

Con muy malos modos da a entender que no tengo ni idea de lo que estoy hablando.

Nos enzarzamos en una discusión. Cuanto más duro me pongo, más duro se pone el vecino.

La resistencia al cambio es lo que hace que un cambio sea difícil.

El problema de la resistencia es que aparece inevitablemente cada vez que quiero cambiar algo relevante.

Y normalmente, cuanto más lucho contra ella, más fuerte se resiste de vuelta.

Por eso la situación resulta frustrante.

Porque parece que solo hay dos opciones: seguir luchando sin fin, o bien rendirse y ceder definitivamente.

LAS DOS PARTES

Quiero contratar a más empleados para mi departamento, pero el responsable de finanzas no hace más que ponerme impedimentos.

Quiero instalar placas solares en la azotea del edificio, pero todo son trabas burocráticas en el ayuntamiento.

Quiero mejorar mi inglés de una vez, pero nunca encuentro el momento de empezar.

Si existe resistencia a mis acciones es que alguien o algo está ejerciendo esa resistencia.

Si pudiera observar la situación desde fuera, vería dos partes en lucha que ejercen fuerza en sentido opuesto.

Una de las partes soy yo. La otra parte puede ser tanto una persona como una realidad física, biológica, legal, burocrática...

O también una parte de mí mismo a la que no consigo dominar.

LA CAJA NEGRA

La parte que se resiste al cambio normalmente está oculta a mis ojos y opera desde la sombra.

Esto es muy evidente cuando el cambio que quiero hacer es sobre mí mismo. Si encuentro resistencia es porque hay una parte de mí que no controlo y que no quiere que ese cambio se lleve a cabo.

Que no sea consciente de ella no significa que no exista. Si realmente no existiera, tratándose de un cambio sobre mí mismo, nada me impediría lograr aquello que me propongo.

Por ejemplo, nadie me impide perder peso. Es algo que depende únicamente de mí.

Sin embargo, resulta que no es tan fácil...

Esas fuerzas ocultas también pueden estar en el exterior.

Por ejemplo, las alianzas políticas que existen entre algunas personas de mi empresa de las que no soy consciente.

Resulta que ya tenía un plan completamente alineado con los integrantes del Comité de Dirección. Pero cuando finalmente lo presento, dos de sus miembros se desmarcan inesperadamente y bloquean mi propuesta.

Luego me dan mil excusas, pero puedo percibir claramente que hay algo más que me están ocultando.

En realidad, cada vez que encuentro resistencia al cambio es porque al otro lado hay algo que no estoy siendo capaz de ver o entender.

Es como si estuviera operando contra una especie de caja negra que no sé muy bien cómo funciona.

Yo le lanzo mis *inputs* para tratar de controlarla, pero es evidente que me falta información de lo que ocurre dentro de ella.

Porque el *output* que me devuelve es resistencia y más resistencia.

POLARIZACIÓN

Estoy impartiendo un seminario de técnicas de venta. En mitad de mi exposición un asistente levanta la mano para preguntar.

Cuando le doy paso me lanza un discurso que de pregunta no tiene nada.

Básicamente viene a decirme que no me entero y que lo que estoy explicando no sirve.

No sé muy bien qué contestarle, así que le devuelvo un «mmm... entiendo...» y me quedo en silencio pensando.

Mi silencio le empuja a seguir erre que erre con lo suyo.

Entonces alguien del grupo le interrumpe contradiciéndole enérgicamente y varios asistentes lo secundan.

El tipo intenta resistir, pero cuanto más se resiste, más se pone al grupo entero en contra.

Me acaban de solucionar la situación. El hombre ha quedado en una posición muy débil.

Ahora solo necesito cerrar el asunto de manera conciliadora para salvar su orgullo y pasar al siguiente tema.

Cada vez que adoptamos una posición en un extremo, más pronto que tarde acaba apareciendo alguien que se posiciona en el extremo opuesto.

Cada vez que una fuerza se polariza, aparece otra fuerza en el polo opuesto.

Es como romper un imán en dos trozos. Cada trozo genera dos nuevos polos, porque la existencia de un polo implica necesariamente la existencia del otro.

El deseo de cambio es una fuerza que se polariza en oposición a lo que existe.

Por eso, cuando aparece, lo natural es que automáticamente surja el polo opuesto que lucha por la permanencia.

LO QUE QUIERO Y LO QUE NECESITO

El médico me acaba de echar una buena bronca.

Que si ya va siendo hora de dejar de fumar, que si con la vida sedentaria que llevo voy a tener problemas, que con tanto estrés laboral me la estoy jugando...

Salgo por la puerta de los nervios. Y lo único en lo que puedo pensar es... ¡en echar una caladita!

Ahora mismo tengo muy claro lo que quiero: fumar.

Pero también tengo muy claro que lo que realmente necesito es todo lo contrario: dejar de fumar.

Y curiosamente, cuanto más pienso en dejar de fumar, más ganas tengo de hacerlo.

Queda demostrado entonces que una cosa es lo que quiero y otra muy distinta lo que necesito de verdad.

Resulta llamativo que en muchos casos lo que quiero se acabe convirtiendo precisamente en lo contrario de lo que necesito.

Entonces lo que quiero y lo que necesito devienen las dos partes en lucha en mi interior.

Una parte empuja a favor del cambio y la otra se resiste para asegurar que todo siga igual.

DESEO Y CONFLICTO

En la lucha entre el cambio y la permanencia, la polarización va creciendo en una escalada simétrica.

Ahora aumenta una fuerza, ahora la otra para compensar. Y así sucesivamente.

Hay un momento en el que esta escalada se estabiliza en un nivel de alta tensión sostenida.

En ese momento la situación cristaliza en forma de conflicto.

CONFLICTO

Un conflicto es una situación entre dos partes que reúne tres condiciones:

En primer lugar, las dos partes tienen un vínculo en común que las obliga a seguir relacionándose.

En segundo lugar, entre las partes existe un problema a resolver.

Y en tercer lugar, hay una mala relación entre ellas.

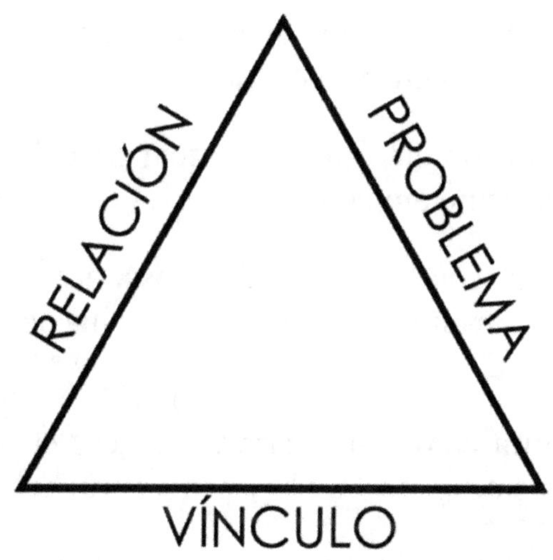

RELACIÓN
PROBLEMA
VÍNCULO

EL VÍNCULO

El vínculo puede tener muchas formas.

Por ejemplo, cuando hay una disputa territorial, el vínculo es el territorio en disputa.

Si tengo un conflicto con un cliente, el vínculo es el negocio que tenemos en común.

Si tengo un conflicto con un compañero del trabajo, el vínculo es mi empleo.

Si tengo un conflicto con mi esposa, el vínculo es nuestro matrimonio, nuestros hijos, incluso la hipoteca.

Si tengo un conflicto interior, entonces el vínculo soy yo mismo.

El vínculo es una conexión que me obliga a seguir relacionándome con la otra parte porque, si lo rompo, me va a costar dinero, esfuerzo, dolor...

Para romper el vínculo en la disputa territorial tengo que marcharme del territorio o destruir al enemigo.

Para romper el vínculo con el cliente tengo que renunciar al negocio que me genera.

Para romper el vínculo con el compañero tengo que dejar mi trabajo.

Para romper el vínculo con mi esposa tengo que divorciarme. Si tengo hijos, romper el vínculo es incluso más complicado porque los hijos son el propio vínculo.

Para romper el vínculo conmigo mismo, las únicas vías posibles serían la esquizofrenia o el suicidio.

EL PROBLEMA

Dos personas discuten sobre un número que está pintado en el suelo.

La que está a un lado del número dice que es un seis. La que está al otro lado del número dice que es un nueve.

Ambas tratan de hacer prevalecer su punto de vista, pero no lo consiguen.

Pues bien, un problema es exactamente eso. Una situación en la que no puedo progresar porque hay otra parte que piensa de forma diferente. Como consecuencia, ni lo que dice ni su manera de comportarse tienen ningún sentido para mí.

Cualquier observador externo al problema podría ver que la otra parte se encuentra exactamente en las mismas, pero en el lado opuesto. Vería cómo, en una simetría perfecta, ambas partes quedamos bloqueadas.

Aunque cada una tengamos nuestra porción de razón, no podemos ver que hay una razón más grande que integra a ambas razones parciales.

La respuesta automática a esta situación es seguir insistiendo para tratar de convencer a la otra parte.

Esto incrementa la polaridad, en lugar de reducirla. Porque cuanto más intento convencer al otro, más se resiste y trata de convencerme a mí.

Para mi cerebro es una situación verdaderamente inquietante.

Porque a mi cerebro le gusta entenderlo todo, y cuando no lo consigue, busca desesperadamente una manera de lograrlo. Es una máquina muy sofisticada, diseñada durante millones de años de evolución con un solo propósito: responder preguntas y clarificar enigmas. Y no descansará hasta que los resuelva.

Por eso, llega un momento en el que mi cerebro me envía la solución definitiva.

La cosa está clara: el otro es estúpido.

O eso, o bien es que alberga malas intenciones: es una mala persona.

«Problema resuelto», piensa el cerebro tras poner la etiqueta.

Entonces me quedo tranquilo, porque ya todo tiene una explicación.

Doblemente tranquilo, porque además ahora el problema lo tiene el otro, no yo.

Esta «solución» de mi problema tiende a auto-cumplirse. Porque cuando yo pienso que el otro es un idiota o una mala persona, no puedo evitar empezar a tratarlo de modo despreciativo.

Entonces el otro lo percibe y se pone a la defensiva. De manera simétrica, empieza a tratarme del mismo modo. Y eso no hace más que confirmar mis sospechas: el tipo es realmente un idiota. ¡Cómo no me di cuenta antes...!

Ahora me quedo muy tranquilo porque creo que tengo el problema resuelto. Pero en realidad solo lo estoy empeorando.

Quizás sería mejor estar menos tranquilo y pensar que el problema lo tengo yo. Porque no soy capaz de entenderle.

Si yo fuera capaz de ver el mundo desde su lado, con sus mismas dioptrías, con sus mismos zapatos, con sus mismas experiencias vitales, entonces vería exactamente el mismo número que el otro ve pintado en el suelo.

Pero cuando la otra parte es una caja negra para mí, entonces surge el problema. Porque el problema es precisamente mi falta de comprensión.

LA RELACIÓN

Los seres humanos nos comunicamos en dos niveles:

Por un lado está lo que decimos, lo que podríamos llamar la «letra» de la canción.

Por otro lado está cómo lo decimos, lo que vendría a ser la «música» de la canción.

El «qué» lo solemos emplear para hablar del problema, y normalmente es en este «qué», en esta «letra», donde solemos poner toda nuestra atención consciente.

Tanto es así, que a menudo dejamos de prestar atención al «cómo», a la «música» con la que hablamos. Y entonces la gestionamos de modo inconsciente, automático.

Cuando hacemos esto cometemos un grave error.

Aunque resulte sorprendente, el «cómo» es en realidad más importante que el «qué».

Porque así como el «qué» habla del problema, el «cómo» está comunicando algo mucho más relevante.

El «cómo» comunica cómo me siento, pero sobre todo comunica algo de gran trascendencia para la otra persona: lo que pienso de ella.

Aunque intente evitarlo, la manera en la que le hablo le va proporcionando pistas continuamente.

Si no la entiendo y pienso que es idiota o mala persona, se me va a notar...

Por eso mi modo de hablarle acaba determinando el tipo de relación que vamos a tener. Y se convierte en la dimensión emocional del conflicto.

Dicho de otra manera, el «qué» es la información que queremos hacer circular entre los dos, y el «cómo» es el tubo o canal por el que va a circular esa información.

Si yo tengo argumentos muy sólidos, pero el tubo es estrecho o está sucio porque nos hablamos con poco respeto, no habrá manera de hacer circular el «qué» entre los dos.

No habrá manera de hacerle entrar en razón.

Porque un solo gramo de falta de respeto pesa mucho más que una tonelada de razones.

Es habitual encontrar a dos personas discutiendo enérgicamente, y al acercarnos para tratar de entender qué dice cada una, descubrir con sorpresa que están diciendo exactamente lo mismo.

Están metidas en lo que se denomina un acuerdo violento. No se dan cuenta de que nunca resolverán la situación con más argumentos, porque la dificultad está en «cómo» se hablan. La dificultad no está en lo que dicen, no está en el «qué», no está en el problema: está en la relación.

Exactamente lo mismo ocurre también a nivel interno. Cuando una parte de mí quiere el cambio y otra se resiste, se establece una relación de competición entre ambas, donde cada una quiere imponerse a la otra.

Habitualmente hay una parte «fuerte», que suele ser la más «razonable» y de la que somos más conscientes, y otra parte «débil», generalmente la menos racional, la más instintiva, de la que somos menos conscientes.

La parte fuerte suele negar a la parte débil. La trata como algo deplorable y perjudicial. Muchas veces la descalifica. Yo me maltrato a mí mismo. A esas partes de mí que no logro entender de modo racional y que a menudo suelen ser socialmente inaceptables.

Me machaco para deshacerme de esas partes, a las que no quiero escuchar ni en broma porque no quiero identificarme con ellas.

Al etiquetar esas partes de mí como perversas o estúpidas, las acabo condenando a la sombra.

Si bien me gustaría deshacerme de ellas, la realidad es que cuanto más las reprimo y más las machaco, más fuertes se vuelven.

Cuanto más las mantengo en la sombra, más crece su poder.

CRISTALIZACIÓN

Todo conflicto empieza en el mundo físico, al generarse un vínculo material entre dos partes separadas. La existencia del vínculo las obliga a interactuar.

Entonces empiezan a surgir los problemas.

Pero los problemas ya no existen en el mundo material, sino que son una realidad del plano mental.

Porque un problema es sencillamente el nombre que le doy a una situación que no logro comprender.

El problema se convierte en el objeto directo de mi atención. El «qué», lo que quiero cambiar.

Entonces encuentro una resistencia que lógicamente no consigo manejar porque no comprendo lo que ocurre al otro lado.

En mi esfuerzo por entender, mi cerebro lanza explicaciones fáciles y cómodas de la situación.

Lo hace poniéndole una etiqueta a la otra parte. Normalmente una etiqueta despreciativa.

Así puedo liberarme y descargar toda la responsabilidad en ella.

Entonces la etiqueta condiciona mi manera de relacionarme con la otra parte, que se siente despreciada por «cómo» la estoy tratando.

Y la relación se va deteriorando.

Hemos hecho el salto a la dimensión emocional y en ese momento el conflicto empieza a cristalizar.

El proceso de cristalización continúa en forma de escalada.

De manera abierta o encubierta, de manera consciente o inconsciente, cada agresión genera una «deuda» que debe ser «resarcida».

Los agravios no perdonados, las «deudas» no saldadas, se convierten entonces en un nuevo vínculo. Un vínculo de naturaleza emocional que se suma al vínculo material primigenio.

Ahora hay un vínculo «duro» o material y un vínculo «blando» o emocional.

Este vínculo emocional completa la cristalización otorgándole al cristal una de sus propiedades características: la estabilidad.

Porque el vínculo emocional sigue existiendo incluso cuando por alguna razón desaparece el vínculo físico original.

De esta manera el vínculo blando se convierte en el más duro de todos.

Esto ocurre por ejemplo en muchas guerras.

Una vez iniciadas, llega un momento en el que la razón por la que empezaron deja de ser importante. Los combatientes ahora luchan por los muertos y las heridas recibidas.

Generaciones más tarde, el odio sigue intacto, pero ya nadie es capaz de recordar ni cómo ni por qué empezó todo.

El conflicto es ahora un cristal tan estable que parece casi indestructible.

Permanecerá inmutable mientras las partes sigan agrediéndose. Si hace falta, durante miles de años.

Esto ocurre con los conflictos colectivos, pero también con los individuales.

Porque los conflictos interiores que no somos capaces de resolver se los transmitimos inconscientemente a nuestros hijos. Y ellos se los transmitirán a los suyos.

Y así sucesivamente, de generación en generación.

Es posible que alguno de mis conflictos interiores tenga su origen en una cadena que empezó hace miles de años.

Una cadena que no se detendrá hasta que alguien sea capaz de desintegrar el duro cristal.

RELACIÓN: "Cómo"
PROBLEMA: "Qué"
Dimensión EMOCIONAL
Dimensión MENTAL
Dimensión MATERIAL
VÍNCULO: "Por qué"

EL CRISTAL

Podemos imaginar los tres componentes del conflicto formando un triángulo, como si fuera un prisma de cristal.

Si alguno de estos tres componentes falta, la cristalización no es posible y no podemos hablar propiamente de un conflicto.

Por ejemplo, estoy comprando una botella de vino en una tienda y el chico de la caja me dice que no me la puedo llevar porque es de exposición.

El problema es que no queda más que esa. Así que intento hacerle entrar en razón para que me la venda.

Me responde de mala manera; es un tipo muy desagradable. Me largo de la tienda y me compro ese mismo vino en la tienda de al lado.

Había un problema, se generó una mala relación, pero no hay conflicto porque no hay un vínculo que me ate con el dependiente.

O por ejemplo, una persona trabaja en una línea de producción. Con el compañero de al lado no hay química alguna. Siempre se han caído mal y tienen mala relación.

Tienen un vínculo porque trabajan sobre las mismas piezas y se necesitan mutuamente para acabar el trabajo. Pero ambos son eficaces, y como siempre terminan su parte correctamente y a tiempo, nunca surge ningún problema entre ambos.

Si no hay problema, tampoco hay conflicto.

O como último ejemplo, un primo con el que nos une el vínculo familiar.

Imaginemos que surge un problema porque el testamento de nuestro abuelo no quedó muy claro. Pero como nuestra relación es muy buena, simplemente hablamos, buscamos opciones, llegamos a un acuerdo y listo.

No hay conflicto porque de nuevo falta uno de los tres elementos; en este caso, la mala relación.

SOLUCIONAR EL PROBLEMA

Intento hacer entrar en razón a mi jefe con argumentos de peso explicándole lo que habría que hacer para mejorar la situación en la oficina.

Me dice que sí, que muy bien, pero que todo es más difícil de lo que yo lo pinto. Nos pasamos una hora de reloj enzarzados en una discusión frustrante y desagradable sin llegar a ninguna parte.

Le explico a mi pareja por qué es importante que cambie esto o aquello en nuestra relación.

Ella reacciona a la defensiva. Después de un buen rato de lamentos y reproches, se marcha ofendida.

Me explico a mí mismo todas las razones por las que es importante adoptar una dieta más saludable. Leo un par de libros sobre el tema para acabar de concienciarme. Me marco unos objetivos.

Semanas más tarde sigo comiendo igual de mal que antes pero ahora estoy mucho más frustrado y cabreado conmigo mismo.

Cuando quiero cambiar algo, lo más habitual es que empiece tratando de resolver el problema que impide el cambio.

Para hacerlo suelo dar argumentos y más argumentos a la parte que se está resistiendo para demostrarle su error. Ambiciono convencerla.

Como la relación entre ambas partes no es buena, ante todo argumento surge el argumento contrario.

Ante todo razonamiento hay una explicación igualmente lógica en sentido opuesto.

Ninguna parte está dispuesta a entrar en la razón de la otra.

Como consecuencia nos enrocamos más y más en nuestras posiciones, porque con tantos argumentos a nuestro favor, cada vez estamos más convencidos de que tenemos la razón.

Cuanto más auto-convencidos estamos, más incomprensible nos resulta la postura de la otra parte. La frustración suele traducirse en posiciones todavía más vehementes y beligerantes, que contribuyen a dar más y más densidad al cristal.

Por eso, abordar el conflicto por el lado del problema, enfocándonos en el «qué», solo lo perpetúa.

Mi ambición de convencer para «vencer» actúa como una fuerza conservadora de la permanencia.

PROBLEMA
Fuerza
conservadora
PERPETUACIÓN

ROMPER EL VÍNCULO

Cuanto más se perpetúa el conflicto, más insoportable me resulta. Entonces llega un momento en el que suelo acabar optando por romper el vínculo.

No consigo que las cosas funcionen en mi trabajo. Entonces decido cambiar de empleo.

No logro enderezar mi relación de pareja. Entonces decido romper con ella.

No somos capaces de entendernos con el país colindante. Entramos en guerra.

No soy capaz de perder peso. Hay una parte de mí que no puede evitar picar porquerías una y otra vez. Entonces someto a esa parte con una dieta estricta.

Romper el vínculo significa destruir completamente la relación. Sometiendo a la otra parte como sea, sometiéndome yo, o bien destruyendo el objeto de deseo común.

Esa ruptura produce un gran dolor.

Dejar el trabajo, romper con la pareja, entrar en guerra, negar la existencia de una parte de mí, es algo profundamente doloroso.

Es precisamente la evitación de ese dolor la que da cuerpo al vínculo. Si romperlo fuera indoloro no podríamos hablar de la existencia de ningún vínculo.

Una vez roto, lo habitual es que sobrevenga una etapa de paz aparente.

Da la sensación de que la situación se ha resuelto de algún modo. Aunque se haya pagado un precio muy alto. Y si bien el resultado no es el buscado inicialmente, quizás se haya llegado a una solución satisfactoria.

Pero es solo una apariencia de cambio, porque entonces empiezan a ocurrir cosas.

Cambio de trabajo y empiezo de nuevo en otra empresa. Cuando parece que todo está encarrilado, me vuelvo a encontrar exactamente con los mismos problemas que tenía en mi empleo anterior.

Me divorcio de mi mujer y un tiempo después me caso con otra. Cuando pienso que he enderezado mi vida, empiezo a tener el mismo tipo de problemas que tenía con mi ex. ¡Exactamente los mismos problemas!

Los aliados ganan la guerra. Parece que ahora todo está solucionado. Pero décadas más tarde el nazismo vuelve a aparecer en otras latitudes, con otras caras, otros nombres y otras formas.

Consigo adelgazar después de mucho esfuerzo y varios meses de dieta estricta. Pero un año más tarde he recuperado todo el peso que perdí y algunos kilos más.

Rompemos el vínculo por miedo a afrontar el conflicto. Pero ese miedo actúa como una fuerza destructora que solo aporta dolor y una apariencia de solución.

Conduce a un cambio superficial, pero no profundo.

Cambian las caras, los lugares, los momentos, pero los problemas no desaparecen; simplemente permanecen latentes.

Porque cambian las formas, lo que se ve, pero lo que subyace, lo invisible, permanece. Al abordar el cambio en lo exterior dejo sin trabajar lo verdaderamente relevante, que es mi interior.

Y si decido volver a romper el vínculo, volver a cambiar de trabajo, volver a divorciarme, una nueva guerra, otra dieta, lo que ocurrirá es que el periodo de paz aparente será cada vez menos duradero.

Cada vez volveré a verme atrapado en los mismos problemas a más velocidad.

Porque la realidad se está pronunciando y me dice cada vez más alto y más claro que ese no es el camino para lo que verdaderamente necesito propiciar.

DOLOR
VÍNCULO
Fuerza
destructora

MEJORAR LA RELACIÓN

Tras mucho pelear con mi jefe para solucionar nuestros problemas, un día le veo a través del cristal de su oficina, inundado de papeles, cabizbajo, casi hundido. Me doy cuenta de que en el fondo el hombre hace lo que puede.

Al verme, me llama para hablar del asunto de siempre.

Ese día me sale de dentro decirle que comprendo perfectamente la dificultad de estar en su posición.

Entonces, sorprendido, le cambia la cara, se relaja. Me empieza a explicar todos los problemas que tiene. Ya no me ataca; más bien es como si se estuviera justificando, como si estuviera buscando mi aprobación.

Algo ha cambiado en su actitud hacia mí. Intuyo que este pequeño paso puede ser importante.

Pienso que mejorar la relación quizás sea la única oportunidad para solucionar el conflicto.

Fuerza creadora
RELACIÓN
OPORTUNIDAD

SIMETRÍA

Por fin queda libre un asiento en el metro para poder sentarme. Me acerco decidido a ocuparlo.

Inmediatamente detecto al «enemigo»: otro pasajero aproximándose al asiento a gran velocidad. Está claro que me ha visto y por eso ha acelerado el paso.

Entonces ocurre algo inesperado. Le digo amablemente:

—Siéntese usted, por favor.

Automáticamente le cambia la cara, me sonríe cordial y responde:

—No, por favor, siéntese usted.

—No, hágame el favor...

–Para nada, muchas gracias igualmente.

Y se marcha por donde ha venido.

La resistencia al cambio se comporta de forma simétrica. Cuanto más empujo, más resistencia encuentro.

Pero del mismo modo, si en lugar de seguir apretando empiezo a aflojar, puedo percibir como la resistencia también disminuye al otro lado.

Puede tardar más o menos, puede ocurrir de manera evidente o más bien discreta.

Pero la reacción al otro lado es a menudo casi tan inevitable como la imagen que me devuelve un espejo.

Tanto la resistencia como el cambio obedecen a un patrón simétrico.

INDUCCIÓN

Le propongo un plan a mi jefe para mejorar las cosas en la oficina. Me dice que no está de acuerdo y me explica, casi interrumpiéndome, cómo lo haría él.

El cuerpo me pide contraargumentar de nuevo, entrar al trapo.

Pero ahora sé que no serviría de nada.

La simetría impediría el cambio. Empezaríamos a discutir y no nos escucharíamos.

Necesito cambiar mi manera de relacionarme con él o todo seguirá igual.

Le pido que me explique más su idea.

Le escucho.

Le pregunto algunas dudas.

A medida que las responde, va mejorando sobre la marcha su idea inicial.

Lo que acaba proponiendo no es para nada descabellado. Bien pensado, es evidente que sería mucho mejor hacer eso que no hacer nada.

Le digo que creo que su planteamiento podría funcionar. Que por qué no hacemos la prueba.

Al final se anima y acepta poner los recursos necesarios para llevarlo a cabo.

Salgo de la reunión satisfecho. Me doy cuenta de que es una buena manera de empezar a mejorar las cosas.

Cuando quiero generar un cambio pero yo no estoy dispuesto a cambiar, mi actitud resistente genera resistencia al otro lado.

Sin embargo, cuando yo cambio mi relación con la otra parte, entonces todo empieza a transformarse de manera simétrica.

El cambio con cambio se induce.

EL LUGAR

Todo está dispuesto para la convención de ventas.

Observo que todo el mundo está conectado a sus tabletas, trabajando. Nadie presta atención a la chica que está presentando en el estrado.

Cuando termina, el director de ventas me presenta y me da la palabra.

Todos siguen ocupados con sus dispositivos.

El cuerpo me pide soltarles una buena bronca: ¡¿Qué es esto de no prestar atención a la persona que expone?!

Pero sería contraproducente. Me los pondría a todos en contra.

Entonces respiro y me relajo. No sé muy bien qué hacer, pero lo que sí sé es que de momento no tiene sentido empezar.

Me dejo ir. Me limito a permanecer en silencio.

Contemplo la escena como un espectador, como si en realidad yo no estuviera allí.

Me doy cuenta de que los pobres están todos muy estresados. Es evidente que cargan con mucha presión sobre las espaldas...

Entonces algunas personas empiezan a levantar la cabeza, extrañados por el silencio en el estrado.

Se dan cuenta de que estoy delante de todos esperando.

Uno le da un codazo al de al lado para que atienda. El otro le hace desconectar el móvil a su compañero...

Poco a poco el silencio va creciendo como una ola imparable.

Instantes más tarde, tengo delante de mí a doscientos vendedores totalmente expectantes.

Empiezo agradeciéndoles la atención que me están prestando porque sé que ahora mismo tienen muchísimo trabajo y mucha presión. Prometo ayudarles con eso.

Empiezo mi discurso.

El cambio que he generado en la audiencia ha sido brutal.

Pero en realidad lo he gestado primero dentro de mí, cambiando mi actitud.

Es verdad que el cambio con cambio se induce. Y precisamente por eso, empieza siempre en mi interior.

Porque mejorar la relación con la otra parte requiere necesariamente que yo cambie.

Yo soy el lugar del cambio.

EL MOTOR

Curiosamente el cambio ha ocurrido cuando no he hecho nada.

Cuando de alguna manera me he dejado ir.

Cuando simplemente he aceptado que en ese momento no querían escucharme y que en realidad me sentía más cómodo permaneciendo en silencio.

Ha sido un momento de iluminación.

No tenía ni idea de lo que iba a ocurrir y no tenía ninguna intención de hacer nada en concreto, pero he sentido que todo estaba bien.

Ha sido un momento de completa aceptación de lo exterior y lo interior.

El verdadero motor del cambio es la aceptación.

ACEPTACIÓN

Cuando salía por ahí a pasarlo bien con mis amigos había algo que me inquietaba muchísimo y que no me dejaba disfrutar de mi vida de adolescente.

Esa embarazosa mancha de sudor bajo la axila en cuanto las cosas empezaban a ponerse interesantes.

Desodorante a tope, brazos siempre abajo, ropa de color claro, arremangado hasta arriba.

Lo había intentado todo, pero no había manera. Cuanto más hacía para evitarlo, mayor era la mancha.

Un día en el autobús, de camino a la discoteca, cuando empezaba a sentir de nuevo la humedad bajo el brazo, algo cambió dentro de mí. Estaba harto de pelear conmigo mismo.

Decidí que si tenía que ir por ahí con el ruedo debajo del brazo para poder disfrutar, entonces ese era el precio a pagar.

Pero que no iba a ser yo quien me limitara a mí mismo.

«Si a alguien le importa tanto, que se aparte –pensé–. No me apartaré yo mismo de lo que me apetece hacer».

Recuerdo que en ese mismo momento levanté el brazo, pero no solo para agarrarme a la barra del bus.

Quería mostrarme completamente.

«Aquí tenéis mi sobaco», pensé. Lo recuerdo como un momento de liberación. En ese momento me deshice de mi preocupación.

Y curiosamente, las enormes manchas de sudor no volvieron ya a aparecer.

RECHAZO

Los niños suelen atravesar etapas en las que experimentan algunos tics nerviosos.

Recuerdo que mi hija pequeña pasó una temporada difícil con un tic que hacía frunciendo el ceño y gesticulando con el ojo derecho.

Era un tic muy llamativo y las personas de su alrededor, amigas y familia, tarde o temprano le acababan sacando el tema.

Con buena intención, para ayudarla. Pero era evidente que se lo hacían notar porque les inquietaba.

Sin darse cuenta, le transmitían que su tic era un problema. En esencia le enviaban un mensaje de rechazo hacia su tic.

Y también sin darse cuenta, implícitamente, de rechazo hacia ella.

Entonces lo intentaba detener, pero cuanto más lo intentaba, mayor era el tic.

Me di cuenta de que esa «presión» bienintencionada que recibía estaba haciendo crecer el problema más y más.

Un día estuvimos hablando de ello al acostarla en la cama. Le conté que muchos niños suelen tener tics. Que yo tuve varios de pequeño.

Que es una manera de soltar energía. Una energía que nos sobra, que por alguna razón no hemos podido expresar y necesita salir.

Que si no dejamos salir esa energía, la pobre cada vez necesita salir con más fuerza.

–Como si te aguantaras el pis –dijo ella.

–¡Exacto! –le contesté.

–Ayuda al tic a expresarse –le dije–. Ayúdale a quedarse tranquilo. Si quiere salir, suéltalo bien fuerte. Haz el tic tanto como lo necesites. Háblale. Dile que si necesita más, tú le darás más.

»Y recuerda que los que te queremos también amamos tu tic. Porque significa que rebosas energía y vida.

Esa conversación fue el inicio del cambio.

Poco a poco fue aceptando más y más su tic. Alguna vez que le salía estando yo presente se quedaba mirándome como con cara de decepción.

Entonces yo le sonreía y la animaba a hacerlo más y más, a lo bestia, hasta quedarse a gusto.

Al hacerlo tan exagerado acababa tronchándose de risa.

Pasó el tiempo. Y la verdad es que nunca más me volví a acordar de este episodio hasta que hace unos días me vino de nuevo a la memoria mientras buscaba un ejemplo para hablar del rechazo.

Entonces fui a contárselo.

—¿Te acuerdas del tic que tenías cuando eras más pequeña?

—¡¡¡Ostras!!! Es verdad... ya ni me acordaba... —me dijo ella sorprendida.

—¿Qué aprendiste con toda esta historia?

—A darle cariño al tic —me contestó.

El rechazo es el mayor freno para el cambio.

Porque el rechazo duele mucho y el dolor no ayuda a cambiar, sino que es una dificultad añadida.

Además, el rechazo a lo que hacemos lleva siempre implícito el rechazo a nuestra identidad.

Y el problema con la identidad es que no la podemos cambiar. Somos quienes somos.

Por eso el rechazo solo nos deja dos salidas: o bien hundirnos en la desesperación o bien resistir a capa y espada.

MI ARCHIENEMIGO

Tenía un compañero en la universidad que me caía muy mal. Como es lógico, el sentimiento era mutuo; no nos soportábamos. Pura simetría.

Los dos éramos muy empollones y empezamos a competir para conseguir las mejores notas. Nos convertimos en los perfectos archienemigos.

Muchos días coincidíamos en el metro de camino a la facultad. Nos saludábamos escuetamente con un ligero gesto cortés y cada uno seguía por su lado.

Un año llegó una chica nueva a la facultad que casualmente nos gustaba a ambos y que casualmente también tomaba el mismo metro que nosotros.

Ella era muy simpática y siempre nos saludaba y entablaba conversación. Con ambos.

Como los dos queríamos estar con ella, no nos quedaba más remedio que aguantarnos el uno al otro durante el trayecto.

Además, estábamos obligados a mostrar nuestra mejor cara, a ser sociables, a interactuar de buen rollo, aunque fuera fingido. No queríamos quedar mal con la chica.

Al ritmo de uno o dos encuentros diarios resultó inevitable empezar a conocer y a entender un poco más a mi archienemigo.

Me di cuenta de que era una persona que había tenido muchas dificultades en la vida a causa de su manera poco habitual de pensar, de actuar e incluso de hablar.

Un día el tipo soltó una anécdota muy graciosa y estallamos a reír. Tanto nos reímos que acabamos contagiando la risa a los otros pasajeros del vagón.

Recuerdo que pensé: «qué gracioso ha resultado ser el pájaro este...».

Un día coincidimos solos en el metro. Nos enzarzamos en una conversación filosófica súper interesante.

Aquel día me di cuenta de que, aunque me resultara extraño, no podía evitar sentir cierto cariño por él.

Ambos vivíamos muy cerca, por lo que al poco tiempo empezamos a quedar para ir a correr. También para preparar algunos exámenes. Para salir de juerga...

Al cabo de un tiempo nos habíamos convertido en amigos de verdad.

TRES PASOS

Mirando hacia atrás me doy cuenta de que fue una persona importante en esa etapa de mi vida. Aprendí mucho de la dignidad con la que se enfrentaba a un mundo que continuamente le rechazaba.

También aprendí sin saberlo que la aceptación de la otra parte, ya sea una persona o una parte de mí mismo, no llega de golpe sino que es un proceso activo. Que requiere trabajar la relación.

Que el trabajo se hace en tres pasos.

Y que cuando estos tres pasos se dan de manera firme, la aceptación es inherente, el enemigo deja de serlo y acaba transformándose en amigo y aliado.

ESCUCHAR

El primer paso consiste en abrirse a escuchar para ser capaz de ver a la otra parte de manera objetiva. Se trata de percibirla libre de etiquetas.

Si etiqueto a alguien como mala persona, incluso sus acciones mejor intencionadas las interpretaré como actos de hostilidad.

Una palabra amable se percibe como un intento de manipulación, una propuesta como un engaño y un alto el fuego como una estratagema para el rearme.

Las etiquetas me llevan a descartar y distorsionar los hechos que no encajan con ellas. Me generan un error de percepción que solo contribuye a reforzar más y más la etiqueta, eternizando así el conflicto.

Escuchar las palabras sin interpretar, observar los hechos de manera objetiva. No hay juicio, no hay pensamiento, solo percepción, receptividad.

Este es el primer paso de la aceptación: aceptar con los sentidos.

ENTENDER

El segundo paso consiste en aceptar con la mente.

Es decir, consiste en entender a la otra parte. Encontrar explicaciones razonables para su comportamiento.

Explorar de manera objetiva y «científica» los entresijos de la caja negra hasta ser capaz de ver el seis cuando antes solo veía el nueve.

Para lograrlo resulta muy útil diferenciar entre intención, comportamiento y resultado.

Por ejemplo, comer compulsivamente es un comportamiento que tiene un resultado nada deseado.

Si considero que la parte de mí que me lleva a comer de esta manera tiene una intención auto-destructiva, realmente no estaré entendiendo su verdadera naturaleza. Entonces trataré de reprimirla y de ese modo seguiré avivando el fuego de mi conflicto interior.

Razono mal al identificar el resultado con la intención, y este error limita mi capacidad para cambiar.

Pero siempre puedo adoptar un razonamiento más objetivo. Porque yo sé que muy a menudo los actos mejor intencionados tienen las consecuencias más desastrosas. Esto me abre la posibilidad de empezar a buscar otras explicaciones, otras intenciones.

Explorando, explorando, llega un día en el que finalmente entiendo a la parte de mí que me empuja a comer compulsivamente. Descubro por ejemplo que en realidad solo está buscando un poco de paz y tranquilidad.

Su manera de buscarlo no es la más productiva. Porque si bien con cada bocado siento un poco de alivio, el resultado final resulta contraproducente y muy inquietante.

Pero ahora entiendo de verdad esa parte de mí. Y conociendo su auténtica motivación, se abre un abanico de posibilidades de transformación.

VALORAR

Mi hija adolescente empieza a gritarme.

Ahora entiendo que no lo hace para dañarme, sino que en realidad su intención es defenderse. Proteger su independencia, su libertad, su dignidad como persona adulta.

Recuerdo las veces que yo mismo les grité a mis padres y lo mal que en el fondo me sentía al hacerlo.

Entonces me aproximo con los brazos abiertos. Se resiste un poco, pero enseguida se deja abrazar. Está encantada de recibir un poco de cariño.

Charlamos un rato y llegamos a un acuerdo.

Pero lo que realmente solucionó la situación fue el abrazo.

El tercer paso de la aceptación se hace con el corazón.

Consiste en valorar positivamente la intención de la otra parte.

Darme cuenta de que si yo estuviera en su mismo lugar, en sus mismas circunstancias, si hubiese vivido sus mismas experiencias, lo más probable es que estaría actuando exactamente de la misma manera.

Entonces puedo reconocer el valor de su intención, independientemente del resultado de su comportamiento.

Valorar es permitirme conectar emocionalmente con la empatía que surge al entender de verdad a la otra parte.

Abrazar su intención.

NADA MÁS

Estoy viendo la tele por la noche y me viene a la cabeza la imagen de esas galletas de chocolate que tengo en el armario de la cocina.

Entonces recuerdo que esa parte de mí que quiere galletas en realidad lo que está buscando es que yo esté tranquilo y en paz.

Le doy las gracias por hacerme notar que ahora mismo estoy algo nervioso, inquieto. Le doy también las gracias por querer traerme esa paz interior, por cuidarme.

Mientras lo hago, las imágenes de las galletas que ocupaban mi mente se desvanecen y van dando paso a la acogedora imagen de mi habitación. Casi puedo sentir el calor de mi cama.

Apago la tele y me voy a dormir. Esto es lo que realmente necesito. Pero ahora, además, es también lo que deseo.

Ya no necesito resistirme a las galletas.

Todo ha cambiado y lo ha hecho sin esfuerzo.

Cuando la parte con la que estoy en conflicto se siente totalmente aceptada, queda liberada de su sufrimiento.

Entonces surge la posibilidad de que empiece a transformarse de manera natural.

Todo lo que ocurre después de mi aceptación puede ser más o menos llamativo, pero es solo circunstancial. Eso no es el cambio, eso es en realidad la consecuencia del cambio.

El cambio se produjo justo en el momento en el que acepté. Una vez he aceptado, no hace falta nada más.

El conflicto se desatasca y la situación puede volver a fluir de manera natural, sin esfuerzo.

Esta fluidez es garantía de continuidad.

Los cambios que requieren energía no se sostienen. En cuanto se relaja el esfuerzo, se regresa al punto de partida.

El verdadero cambio, si tiene que ocurrir, es fluido y sin esfuerzo.

TRES MIEDOS

Por cada paso de la aceptación hay un miedo a superar.

El miedo a escuchar es el miedo del avestruz, que esconde la cabeza bajo el ala para no ver el peligro. Cree que si no lo ve, dejará de existir.

No quiero escuchar ni ver a la otra parte porque pienso que así no existirá. Temo que si la veo o la escucho seré yo quien le esté dando vida.

Pero la cruda realidad es que la otra parte está ahí, aunque no la quiera ver.

El miedo a entender es miedo a ser convencido por el otro. Tengo miedo de que si comprendo su posición, entonces no me quedará más remedio que tener que cambiar de opinión.

Y eso es horrible porque significaría que estoy equivocado. Que la otra parte tiene razón y yo no. Temo esa posibilidad porque me hace sentir inferior.

La realidad es que el otro tiene su parte de razón, igual que yo tengo la mía. Cada uno desde su perspectiva. Y la solución pasa siempre por comprender ambas razones e integrarlas.

Pero el miedo más terrible de todos es el miedo a valorar a la otra parte. Porque estoy a punto de aceptar y entonces temo convertirme en aquello que no acepto.

Sin embargo, en el fondo, yo ya soy como la otra parte.

Cuando dejo a un lado todo lo superficial, lo que se ve a simple vista, me doy cuenta de que, en lo más profundo de nuestra humanidad, todos somos el mismo tipo de porquería. O el mismo tipo de abono. Según se mire. Todos somos capaces de lo mejor y también de lo peor.

Y en nuestro interior compartimos siempre el mismo anhelo, la misma intención positiva, que es estar mejor.

Porque ese es precisamente el motor de la vida.

REDUCCIÓN AL ABSURDO

Cuenta la fábula que andaba la comadreja muerta de hambre cuando llegó al taller de un mecánico. Entonces se coló dentro buscando algo que echarse a la boca.

No encontraba nada, así que empezó a lamer una lima que estaba en el suelo.

Al salir sangre de su lengua, se alegró pensando que estaba consiguiendo sacar algo de la lima. Tanta hambre tenía que siguió lamiendo y lamiendo hasta que se quedó sin lengua.

Negarme a aceptar la realidad es esencialmente absurdo.

Porque independientemente de que me guste o no me guste, de que la acepte o la rechace, ahora mismo aquello que es, simplemente es.

Y no aceptar es precisamente lo que me coloca en la posición más débil y de menor potencial de transformación.

SIEMPRE ES POSIBLE

Aceptar plenamente a la otra parte siempre es posible. ¿Por qué no iba a serlo?

No nos engañemos. No es que yo no pueda aceptar. Lo que ocurre es que, en realidad, no quiero hacerlo.

Si no quiero aceptar pudiendo hacerlo, entonces ¿dónde está el conflicto?

Pues está claro que el conflicto no está ahí fuera, sino que está en mi interior.

Precisamente por eso, si pretendo solucionarlo rompiendo el vínculo, el mismo conflicto volverá a aparecer más adelante, en otro lugar, con otras caras.

Porque viaja conmigo. Yo soy su portador.

Por eso el cambio siempre empieza en mi interior. Porque mucho antes del cambio, yo ya estoy preñado con el conflicto.

Y por eso nosotros no cambiamos las cosas, sino que simplemente nos transformamos con ellas.

TRANSFORMACIÓN

Ver lo que es tal y como es.

Entender plenamente.

Identificarme con la otra parte.

Este es el camino de la transformación.

No es fácil. Es más cómodo verme siempre como el bueno de la película. Es más cómodo rechazar todo aquello que no me gusta etiquetándolo como estúpido, inmoral o indeseable.

Es más cómodo, pero no sirve para nada.

La aceptación en cambio puede ser incómoda, pero tiene potencial. Encierra una oportunidad fuera y otra dentro.

Fuera es la semilla del cambio. Dentro es la oportunidad de crecer.

Igual que un prisma desvela los colores que la luz blanca contiene en su interior, el cristal del conflicto, iluminado por el lado de la relación, muestra todo mi potencial de desarrollo y transformación.

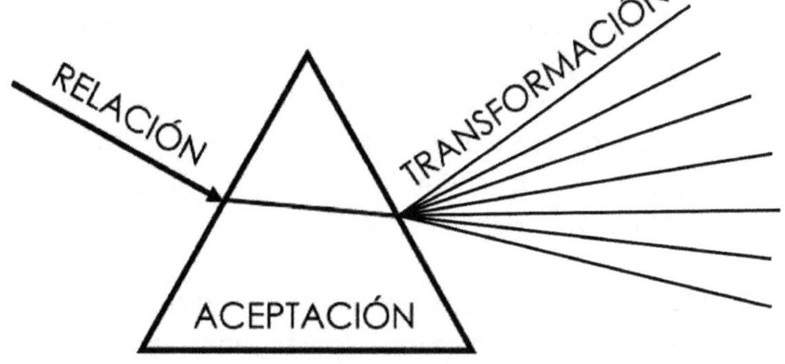

RELACIÓN
TRANSFORMACIÓN
ACEPTACIÓN

EL MAESTRO

Cuando el conflicto es la oportunidad, la resistencia indica el camino y la otra parte es el maestro.

El maestro más desagradable. El menos seductor. Pero también el más preciso.

Porque señala con exactitud aquello que menos me apetece cambiar pero que más necesita ser transformado.

Esa gente que no puedo soportar, esas actitudes que me parecen inaceptables, esas situaciones que no tolero, esa parte de mí tan vergonzante.

Anuncian con su presencia que el momento ha llegado y que cuanto antes evolucione, mejor será para mí.

EL SUCEDÁNEO

Si yo entiendo a la otra parte, si me identifico con ella porque he descubierto que en su lugar hubiera actuado exactamente igual, ¿qué sentido tiene perdonar? ¿Qué hay que perdonar? ¿Y quién soy yo para hacerlo?

Cuando acepto completa y honestamente a la otra parte, en realidad el perdón deja de tener sentido. Porque ya no hay buenos, ya no hay malos y ya no hay culpas.

La otra parte simplemente ha hecho lo que buenamente ha podido con los recursos que tenía disponibles. Aunque el resultado haya sido desastroso, yo no creo que lo hubiera gestionado mucho mejor que ella en sus mismas circunstancias vitales.

El perdón suele ser útil porque a falta de aceptación, que es más difícil, puede dar mucha paz.

Pero el perdón, al menos como lo entendemos hoy, no deja de ser un sucedáneo de la aceptación.

Ofrece una sanación parcial, pero no completa. Es una aceptación a medias, y por eso es una puerta al cambio atrancada a medio abrir.

Porque solo la aceptación plena posiciona a las partes como iguales y esa es una condición imprescindible para la disolución del conflicto. La única relación sana es una relación de igual a igual.

Pero el perdón no permite esta relación integradora. Porque en su calidad de víctima, el que perdona se coloca necesariamente por encima del perdonado para poder ejercer su poder de perdonar.

Y por su parte el perdonado precisamente puede serlo por la posición inferior que ocupa en su condición de culpable.

Al partir de una posición tan baja y soportar semejante carga, cambiar se hace tan difícil que resulta prácticamente imposible.

LA CULPA ES INÚTIL

La culpa no sirve al cambio sino a la permanencia.

El peso de la culpa es una carga que no facilita la transformación, sino que más bien dificulta cualquier avance.

La culpa produce dolor en lo más íntimo de la identidad. Y el daño a la identidad es el más intenso y el más inútil. Porque mi identidad es mi tesoro más preciado y además la identidad no se puede cambiar.

Cualquier cambio propiciado por el dolor de la culpa es un cambio forzado; no es auténtico, no es profundo.

Es solo la apariencia de un cambio. No ha transformado realmente aquello que requería ser transformado.

En lugar de transformarlo lo ha reprimido.

Y aquello que se reprime, tarde o temprano volverá a surgir.

REPRESIÓN Y TABÚ

Freud explica que el origen de la neurosis es la represión de un deseo profundo que se encuentra a nivel inconsciente.

Quizás podamos añadir que es la propia represión la que de hecho produce y alimenta ese deseo. Deseamos aquello que nos es negado.

La represión sostenida en el tiempo acaba generando deseos muy grandes y profundos en el subconsciente individual y colectivo. La represión sostenida es la madre del tabú, y el tabú es la barrera definitiva al cambio.

Porque el tabú es algo tan reprimido que no somos conscientes de que lo albergamos. Es algo tan prohibido que nos hemos obligado a no verlo y lo hemos desterrado a las profundidades más oscuras de nuestra mente. ¿Cómo vamos a eliminar una barrera que ni siquiera podemos ver?

Oculto en lo invisible, el tabú ejerce su acción extremando el conflicto hasta el punto máximo de polarización.

Porque la existencia del tabú lleva a la parte reprimida a la perversión.

PERVERSIÓN

La perversión no es más que la forma retorcida que lo reprimido encuentra para expresarse. Lo reprimido necesita salir, y lo hace en cuanto puede, por donde puede y como puede. Por eso a menudo adopta formas monstruosas.

Por ejemplo, nos sorprende que en algunas comunidades religiosas donde se obliga al celibato surja la pedofilia. Pero es posible que la represión sexual del celibato sea, como mínimo, un factor coayudante.

Por otro lado, la existencia del tabú también contribuye a la polarización de la parte represora.

Porque extrema su celo al máximo para evitar que se le pueda escapar la menor manifestación de lo reprimido. Por los medios que sean necesarios.

Y así es como más pronto que tarde acaba incurriendo inevitablemente en distintas formas de violencia.

De ahí surge por ejemplo la homofobia, que en realidad oculta un miedo irracional hacia la propia sexualidad.

El homófobo tiene un miedo terrible de interrogarse a sí mismo acerca de su orientación sexual.

Tanto es así que no puede aceptar que otra persona sea homosexual. Porque si acepta esa posibilidad en el otro, debe en buena lógica aceptar esa posibilidad en sí mismo.

Aceptar esa posibilidad le lleva a cuestionarse al respecto, y eso es algo que le aterra y no es capaz de enfrentar.

Como la forma más clara e inequívoca de expresar rechazo es la violencia, siempre que hay tabú, la violencia acaba haciendo acto de presencia.

ENTENDER AL LOCO

Acudo a un psicólogo buscando tratamiento para mi depresión y me prescribe la extracción de dos muelas, la extirpación del bazo, baños de agua a altísima temperatura y un tratamiento de convulsiones provocadas con diferentes sustancias químicas tóxicas.

Lo que ahora nos parecería una barbaridad, hace menos de un siglo eran tratamientos habituales respaldados por la respetada comunidad científica.

Si pudiéramos visitar hoy un sanatorio del siglo XIX no vacilaríamos ni un segundo en afirmar que los verdaderos locos eran los psiquiatras y los sanitarios que los regentaban.

Afortunadamente la evolución en la psiquiatría ha sido enorme.

Hoy en día son cada vez más las voces que afirman que la locura no es más que una etiqueta para un comportamiento que no logramos comprender.

Y que en la mayor parte de los casos, cuando somos capaces de profundizar y entender lo que le pasa a cada paciente concreto, simplemente nos encontramos con respuestas lógicas de adaptación a un medio altamente tóxico y perjudicial.

Puede que la locura haya sido durante mucho tiempo una forma de cordura que no hemos sabido entender.

Mientras la hemos rechazado, nos hemos comportado como auténticos locos.

Quizás la única forma de locura que exista sea sencillamente no querer entender.

HAY UN FASCISTA EN MÍ

Un grupo antifascista sale a la calle a manifestarse y el evento se acaba saldando con un herido grave por una pedrada, varios contenedores quemados, tres escaparates destrozados y una tienda saqueada.

Un resultado digno de las juventudes hitlerianas. No es la primera vez. Tampoco será la última.

Odiar al que odia reproduce su odio en mi interior. Creo que le estoy combatiendo, pero en realidad le estoy alimentando. Y tarde o temprano acabo actuando de la misma manera, aunque le ponga otro nombre.

Porque aquello que rechazo fuera lo rechazo dentro. Y lo hago cada vez más grande sin ni siquiera darme cuenta.

Me autoengaño. Si odio tanto a los fascistas es porque en realidad, en lo más profundo, temo que quizás haya un fascista en mí.

Pero eso no lo puedo aceptar de ninguna manera porque es mi tabú. De ahí el odio extremo. El problema es que, si no lo había, acabará habiéndolo.

Cuando mi integridad física o la de mi comunidad están en peligro, lo indicado es la autodefensa. Por los medios que sean necesarios.

Pero una cosa es la autodefensa y otra cosa muy distinta es solucionar el problema del fascismo.

Un problema por otro lado central en nuestra ciencia del cambio. Porque el fascismo es la forma que adopta el rechazo cuando es llevado al extremo.

No nos engañemos: el fascismo es una tendencia natural en el ser humano.

Por eso la única posibilidad de trascenderlo empieza aceptando al fascista que hay en mí.

Y continúa aceptando al fascista que hay en el otro.

ACEPTAR AL CRIMINAL

Hay tres diferencias entre un policía que es capaz de aceptar plenamente al criminal que persigue y otro que lo rechaza.

La primera es que entiende mucho mejor cómo actúa y por qué. Conoce cómo funciona su mente y de esta manera puede anticiparse a él más fácilmente.

La segunda es que su comprensión profunda le permite empatizar. Desde esa empatía es el único que puede llegar a persuadirlo antes de que cometa el crimen, incluso sin necesidad de usar su arma.

La tercera es que si es capaz de aceptar al criminal es porque no le da vértigo identificarse con él.

Tiene claro que una cosa es identificarse con el otro y otra cosa muy diferente, convertirse en el otro.

La cárcel es necesaria. Pero la cárcel no es suficiente para neutralizar eficazmente el crimen.

Solo desde la aceptación es posible entender realmente su origen y cómo desde la sociedad «honrada» contribuimos a su generación.

Quizás los que estamos fuera de la cárcel no seamos tan honrados como queremos vernos cuando por interés o comodidad toleramos situaciones inaceptables por las que ahora mismo están pasando muchas personas a nuestro alrededor.

La verdadera aceptación es la manera valiente de abrirse a ver y entender las causas profundas del crimen y encontrar así medidas altamente efectivas que ayuden a mitigarlo.

Lo más horroroso es también lo más difícil de aceptar. Yo soy la persona menos capaz de aceptar las monstruosidades.

Pero al mismo tiempo también puedo darme cuenta de que ese es el único camino hacia la verdadera transformación.

ENFOQUE MORALISTA O PRAGMÁTICO

Cuando a un niño le enseñamos que mentir está mal porque no es moralmente aceptable, estamos adoptando un enfoque moralista.

Si en cambio a ese niño le explicamos que cuando uno miente la gente deja de creer en su palabra pero que si dice sistemáticamente la verdad la gente le creerá, entonces estamos adoptando un enfoque pragmático.

El enfoque moralista se basa en leyes escritas por los hombres. El razonamiento se sustituye por la fe en los escritos y en la autoridad de aquellos que los escribieron. El enfoque moralista se construye sobre los cimientos de la certeza.

El enfoque pragmático se basa en el estudio de las leyes de funcionamiento de la naturaleza. En la revisión continua de las propias creencias para perfeccionarlas con ayuda del razonamiento. El enfoque pragmático se construye sobre las aguas movedizas de la duda.

El enfoque moralista es más cómodo a corto plazo, porque la certeza proporciona confort y ahorra el esfuerzo de pensar y corregirse a uno mismo. Yo no necesito cambiar.

El problema con ese enfoque es que la realidad es infinita y no puede ser contenida en ninguna ley finita.

Por eso las leyes escritas son imperfectas y no aplican a todas las situaciones posibles. Y el que las sigue a pies juntillas, más tarde o más temprano acaba cometiendo errores.

Pero entonces no puede rectificar porque eso significaría que la ley alrededor de la cual gira toda su certeza, e incluso toda su vida, no es una verdad absoluta. Eso no lo puede aceptar. Es precisamente su tabú.

Como la ley no encaja con la realidad, entonces hace lo necesario para que la realidad encaje con la ley. Porque lo que no encaja con la ley es lo que «está mal» y debe corregirse.

Esto genera inevitablemente la resistencia de «lo que está mal», aumenta la polarización y surge el conflicto.

Un conflicto del que el moralista no puede escapar porque está atrapado en su tabú.

Así que más pronto que tarde acaba recurriendo a la violencia, argumentando que el fin justifica los medios.

Con lo que el enfoque moralista se acaba convirtiendo en el menos cómodo, el menos práctico y el menos moral de todos.

El enfoque pragmático, sin embargo, puede parecer *a priori* poco confortable porque la revisión continua de las propias creencias resulta inquietante. La duda es un lugar incómodo. Me obliga a cambiar constantemente.

Pero esa búsqueda continua aporta más conocimiento, empatía y aceptación.

Por eso produce la transformación y acaba resultando no solo el enfoque más práctico, sino también el más moral.

AUTENTICIDAD

En un seminario alguien me preguntó:

—Si yo acepto a la otra parte, ¿qué garantía tengo de que vaya a cambiar?

—Tienes la garantía total de que no cambiará y todo seguirá igual —le contesté.

Cuando acepto para que el otro cambie, estoy haciendo una aceptación condicionada, y por lo tanto no he aceptado de verdad. Es un ejercicio de técnica, pero la aceptación no es honesta, sino que persigue manipular al otro.

La única aceptación que transforma es la aceptación auténtica. Y como tal, el resultado final le resulta indiferente.

De hecho, a menudo la aceptación verdadera nos hace descubrir que las cosas en realidad están bien como están y que es mejor que no cambien.

La aceptación auténtica a veces lleva al cambio y a veces no.

Pero el rechazo de lo que es, jamás transforma nada.

LA PARADOJA

Cuando quiero cambiar algo, mi rechazo impide que cambie y yo me convierto en otro obstáculo más.

Cuando acepto total e incondicionalmente lo que hay, entonces estoy abriendo la puerta al cambio y me convierto en el agente de la transformación.

EL DESEO SEPARA Y LA ACEPTACIÓN UNE

Hay un deseo útil.

Es el deseo de aquello que aquí y ahora está a mi alcance, sin resistencia relevante.

Este deseo funciona como una fuerza de atracción que nos acerca a lo deseado.

Si quiero cambiarme la camiseta que llevo puesta por otra del armario, simplemente lo hago, porque solo depende de mí y no encontraré resistencia.

Es un deseo útil, pero solo para cambios poco relevantes.

Cualquier deseo mayor es un deseo excesivo y acaba convirtiéndose en una fuerza de separación. Porque produce una división mental entre lo que es y lo que queremos que sea.

Produce una separación material entre la parte que quiere el cambio y la que desea que todo siga igual.

Cuanto mayor es el deseo, mayor es la resistencia. Y así aumenta continuamente la distancia emocional entre los polos. Porque todo deseo implica un rechazo.

De esta manera se convierte en una fuerza que estabiliza el conflicto y contribuye a perpetuar la situación.

La aceptación en cambio es una fuerza que une.

Conecta físicamente a las partes a través de una escucha limpia.

Las une mentalmente a través del entendimiento mutuo.

Y las acerca emocionalmente a través de la empatía que surge al descubrir el valor que hay en el otro.

La aceptación une y por eso conduce a la transformación.

INTEGRACIÓN

Dos personas con ideas diametralmente opuestas pero que se escuchan, se entienden y se valoran mutuamente, se están comunicando de verdad.

Al relacionarse de esta manera, es cuestión de tiempo que empiecen a acercar posiciones, aunque sea solo un poco.

Y cuanto más se comuniquen, más se aproximarán.

La convergencia es inevitable.

Esta es la gran transformación: lo que se comunica tiende a unirse.

Dos átomos que se comunican intercambiando electrones se unen formando una molécula.

Varias células que se comunican entre ellas intercambiando nutrientes, sustancias y señales electroquímicas, acaban formando un tejido.

Varios tejidos que se comunican entre sí forman un órgano; los órganos, individuos; los individuos, ecosistemas...

Lo que se comunica se une y, por el contrario, lo que deja de comunicarse se separa más y más.

Si nuestra relación de pareja no funciona y decidimos darnos un tiempo de reflexión cada uno por su lado, estamos dando otro paso hacia la separación definitiva. Porque al romper la comunicación nos alejaremos todavía más.

Si quiero que lo nuestro funcione, necesito más comunicación y de más calidad.

Si un territorio de mi país quiere independizarse y no le permito expresarse, en realidad estoy consumando esa separación.

Porque cuanto menos hablemos del asunto más alejadas estarán las posiciones y más polarización se generará. Entonces la independencia será cada vez más probable.

Para que mi territorio siga cohesionado, la única oportunidad pasa por tener más comunicación y de más calidad con todas sus partes.

Si en mi equipo no hay buen ambiente de trabajo y nos da pereza sentarnos a hablar para resolver nuestros asuntos, estaremos empeorando la situación.

Pero si establecemos una buena comunicación, entonces surgirá la oportunidad de expresar nuestras dificultades y de que las podamos abordar de forma constructiva.

De esta manera solo podemos mejorar.

La buena comunicación desarrolla la relación, permite resolver los problemas y transforma los vínculos.

El resultado es la integración de las partes en un todo con mucho más potencial.

POTENCIAL

Dos globos unidos por una cuerdecita. Uno está muy hinchado y el otro poco.

Queremos hacerles pasar por un agujero estrecho.

Aunque el globo menos hinchado podría pasar perfectamente, el globo más lleno no podría hacerlo sin estallar. Es decir, el conjunto entero no puede pasar por el agujero.

Ahora conectamos estos mismos globos entre ellos por la boquilla. Al hacerlo, el aire que contenían se repartirá entre los dos.

Ahora sí es posible que el conjunto entero pase por el agujero.

Es decir, al conectar los dos globos, la capacidad de adaptación del conjunto aumenta.

Dos trabajadores de una cadena de producción. Uno tiene más conocimientos y habilidades que el otro y por eso es capaz de trabajar mucho más deprisa.

Pero como para hacer su parte depende de las entregas del otro, la velocidad de producción de la línea queda limitada a la capacidad de producción del que va más lento.

Si hacemos que el más hábil le vaya transmitiendo todo lo que sabe al otro para que aprenda, la velocidad de producción de la línea se irá acercando progresivamente a la velocidad del que va más rápido.

La conexión entre ellos hará que la capacidad aumente.

En el siguiente dibujo, el conjunto A representa lo que A es capaz de cambiar y el conjunto B lo que B es capaz de cambiar.

Lo que queda fuera de cada conjunto representa lo que no pueden cambiar.

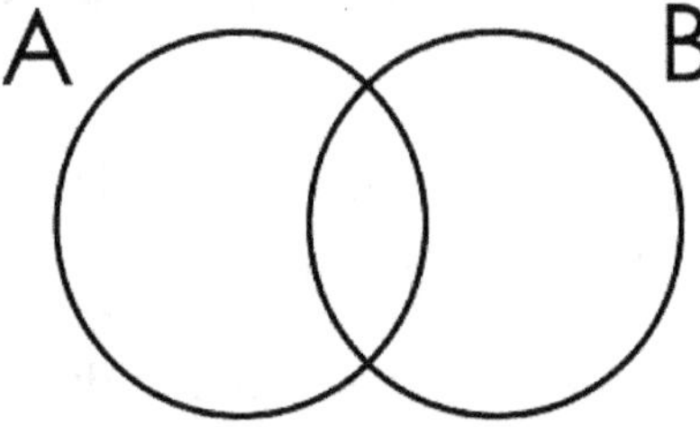

Cuando A y B son dos partes separadas sin conexión, la capacidad de cambio del conjunto es solamente la intersección.

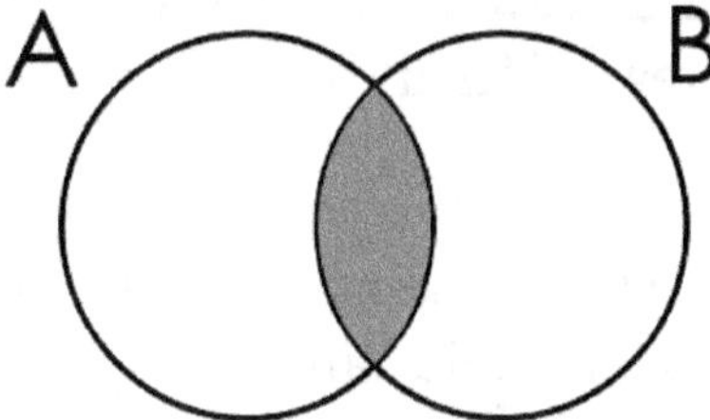

Porque las cosas que uno puede cambiar y el otro no son cosas que el sistema entero no puede cambiar.

¿Qué pasa cuando A y B están completamente integrados formando un nuevo conjunto total C?

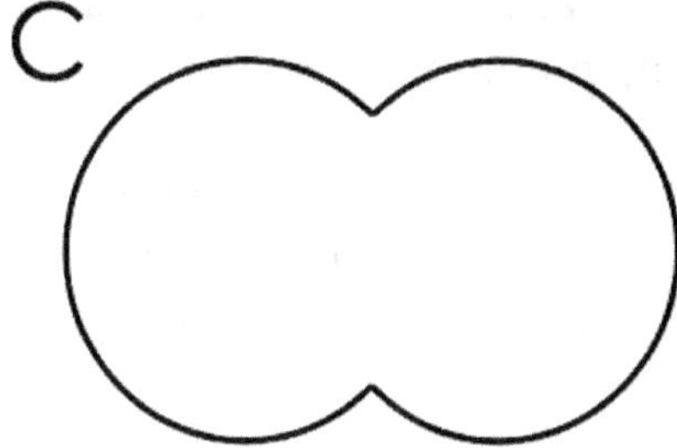

Pues que la capacidad de cambio de este nuevo conjunto total es la suma de las capacidades de cambio de cada conjunto por separado:

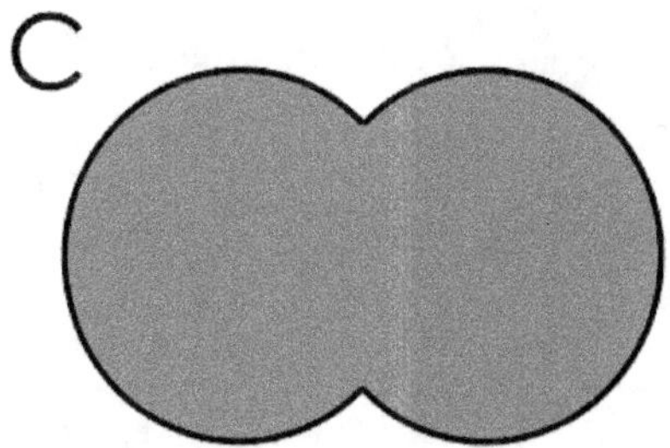

La capacidad de cambio del todo es proporcional al nivel de integración entre las partes que lo componen.

Esto quiere decir por ejemplo, que si queremos desarrollar el potencial de cambio de un equipo o de una organización, lo mejor que podemos hacer es enfocarnos en aumentar la integración entre sus miembros. Esto se consigue incrementando la cantidad y la calidad de su comunicación.

Y lo mismo ocurre en mi interior.

Si quiero aumentar mi potencial de cambio puedo hacerlo aumentando la integración entre las distintas partes que pugnan en mi interior.

Lo puedo lograr poniéndome en contacto con cada una de esas partes y aumentando la cantidad y la calidad de la comunicación con cada una de ellas.

SOY LA PARTE
Y EL TODO

Dos presidiarios huyen de la Policía unidos entre sí por unas esposas.

Si piensan en la situación de manera individual, como si el otro no existiera, están condenados.

El vínculo de las esposas genera una simetría diabólica de la que no pueden escapar.

Si uno da tirones, el otro se los devolverá más fuerte.

Su única posibilidad es aceptar la realidad: que ahora forman parte de un conjunto mayor. Y que necesitan ponerse de acuerdo para actuar como uno solo de manera integrada.

Uno de esos presidiarios soy yo.

Porque cuando pienso que soy una parte separada de aquello que pretendo cambiar, estoy ciego y entonces me peleo con la realidad.

La verdad es que soy la parte y también soy el todo.

Entender esto cuando estoy hablando de generar un cambio en mi interior es sencillo.

Entenderlo cuando estoy hablando de un cambio «externo» a mí suele resultarme mucho más difícil.

Pero esa es la realidad desde el momento en que existe un vínculo con la otra parte.

Las esposas están ahí, las quiera ver o no.

Por eso, solo cuando acepto que soy la parte y también soy el todo, alcanzo mi máximo potencial de transformación.

NO HAY PARADOJAS

Un marido tan celoso que al final provoca lo que quería evitar: su mujer le acaba dejando por otro.

Un vendedor tan ambicioso que genera poca confianza en los clientes. Entonces vende mucho menos de lo que realmente hubiera podido. Precisamente por culpa de su ambición.

Un compañero del trabajo tan generoso conmigo que al final no puedo evitar ayudarle con todo lo que me pide y mucho más. Aunque no sea eso lo que él pretendía ni mucho menos, ser generoso le ha beneficiado al máximo.

Son algunas de las desconcertantes manifestaciones de la paradoja del cambio.

Pero cuando me doy cuenta de que soy la parte y soy el todo, lo que parecía paradójico deja de serlo.

Porque ser la parte y ser el todo significa que soy ambas cosas a la vez. La una y la otra simultáneamente.

Como en ese dibujo donde unos ven un conejo y otros un pato, o en ese otro donde unos ven una joven y otros una anciana. Es un conejo y es un pato. Es una joven y también es una anciana.

Igual que la ciencia acepta la dualidad de la luz como onda y como partícula.

El paradigma de la dualidad me permite identificarme con el otro y con el todo reconociéndome simultáneamente como la parte que también soy.

Desde el paradigma de la dualidad, cada vez que me manifiesto, no solo me estoy pronunciando como una parte, sino también como el todo.

Entonces no es que el rechazo de una parte genere el rechazo de la otra. Es sencillamente que el rechazo de una parte es el rechazo del todo. Y por eso se manifiesta en la otra parte que también es el todo.

Es precisamente por eso que nada cambia, pero si yo cambio, entonces todo se transforma.

Decía el sabio: «Yo soy yo porque tú eres tú y si tú eres tú porque yo soy yo, entonces yo no soy yo y tú no eres tú».

En realidad no hay paradojas, simplemente es que la mente es muy dual y por eso le cuesta aceptar la dualidad.

Pero cuando es capaz de hacerlo, muchas verdades que antes parecían incomprensibles van cayendo por su propio peso.

Como por ejemplo, que cuando acepto al otro, me estoy aceptando a mí mismo.

CUANDO ACEPTO AL OTRO ME ACEPTO A MÍ MISMO

Hay una cara que por mucho que me esfuerce, jamás podré ver con la misma claridad con la que veo el resto de caras.

La mía.

Puedo usar un espejo o puedo verme en un vídeo, pero no es lo mismo que ver mi cara frente a frente, en tres dimensiones.

Jamás podré ver mi cara como veo las demás caras porque el instrumento que utilizo para ver, mis ojos, son en esencia aquello mismo que quiero ver.

Decía el sabio que uno no puede probar el sabor de su propia lengua ni tampoco puede morder sus propios dientes.

Ni siquiera puedo oír mi verdadera voz. Mi oído está tan cerca del instrumento que la produce que me escucho distorsionado. Un día me oigo en una grabación y no me reconozco.

Pero estoy equivocado; esa es en realidad mi auténtica voz. O por lo menos, así es como me oyen todos los demás.

Es por eso mismo que la persona a la que me resulta más difícil aceptar es a mí mismo.

En primer lugar, porque ni siquiera puedo verme objetivamente, desde fuera. Hay muchas cosas que hago de las que ni me doy cuenta. Los demás sí y también sufren las consecuencias. Pero desde mi posición perceptiva como actor, sencillamente no puedo verme.

Y no es solo que no pueda verme. Es que además tampoco quiero hacerlo. La imagen idealizada que tengo de mí me impide verme como soy realmente.

Me pasa incluso mirándome en el espejo. Cuando presto atención, me sorprenden esa arruga, esa cana, esa nariz torcida. Hace tiempo que están ahí, pero prefiero no verme con ellas y por eso las he olvidado convenientemente cada vez.

Y por supuesto también me ocurre con muchas de mis debilidades y fallos. No encajan con la imagen idealizada que tengo de mí mismo.

Son un enemigo de mi identidad ideal y por eso las ignoro. No quiero ni verlas y por eso las reprimo. Y ahí empiezan todos mis conflictos interiores.

Pero un día, después de un largo camino, resulta que soy capaz de empezar a aceptar a una persona del trabajo con la que hasta ahora estaba en conflicto.

Entonces, al ser por fin capaz de ver, entender y valorar eso que antes rechazaba en ella, se abre una puerta.

Porque ahora empieza a resultarme más fácil verlo y aceptarlo también en mí mismo.

De alguna manera, cuando acepto al otro empiezo a vislumbrar trozos de mí en él.

Como el prisionero de la mazmorra que lleva años en la oscuridad y es capaz de ver de nuevo parte de su cara gracias a haber encontrado un pequeño pedazo de un viejo espejo desgastado.

Entonces la paz que conquisto con esa persona se traduce instantáneamente en una paz interior conmigo mismo.

Es el karma de la aceptación: cuando acepto al otro, me estoy aceptando a mí mismo. De hecho, no es posible aceptarme a mí mismo por completo si no soy capaz de aceptar a los demás.

Por eso el conocimiento de uno mismo no puede alcanzarse meditando o en un retiro espiritual o con la ayuda de un gurú.

La meditación y los retiros ayudan, pero el verdadero autoconocimiento solo se alcanza de manera relacional. En nuestra interacción con el otro, que nos hace de espejo.

El verdadero gurú es siempre el que está en conflicto conmigo.

Y quien menos me gusta resulta que es quien más tiene que enseñarme.

DOS TIPOS DE CAMBIO

Vamos de visita a casa de mi suegra. En cuanto llegamos, las niñas corren como locas a buscar a Oreo, su gatito. Quieren achucharlo, hacerle carantoñas.

Pero no se deja acariciar. Se resiste. Se escabulle. Ellas se desesperan.

Las observo desde la tumbona de la terraza. Nunca he sido muy de gatos.

Cuando se cansan de perseguirlo, se acerca despacito hacia mí. Ante mi asombro, recorre con la cola levantada el lado de la tumbona. Finalmente da un saltito y se acuesta a mis pies a dormir.

Hay dos tipos de cambio relevante. El cambio duro, que pasa por el cristal del conflicto, y el cambio fluido o sin conflicto.

El cambio conflictivo es el cambio duro porque, mientras no se resuelve, sufrimos el dolor de la lucha. Deseamos cambiar lo exterior pero no queremos cambiarnos a nosotros mismos. Contiene una ambición y un miedo. Parte del paradigma de la separación. Por eso no puede prosperar sin nuestra propia transformación.

Pero existe otro tipo de cambio.

Un cambio natural que se produce desde la aceptación permanente de todo lo que hay. Parte del paradigma de la dualidad, que nos lleva a fluir con los acontecimientos, permitiendo que lo que tiene que suceder simplemente suceda.

No es lucha sino baile. Somos dos bailarines pero también una pareja de baile. No es posible decir quién lleva a quién.

El cambio se produce sin ni siquiera pensar en él. Simplemente lo propiciamos actuando espontáneamente. Entregando desinteresadamente lo que llevamos dentro. Sin expectativas. Sin miedo. Sin deseo. Sin objetivos.

Este cambio fluido es el camino más corto para ejecutar el plan del universo. Nuestro plan.

Pero somos libres de escoger...

LA PIEDRA EN EL CAMINO

Si escojo el deseo, la vida me pone una piedra en mitad del camino. La piedra del conflicto. Piedra o cristal, es lo mismo.

Me está diciendo que al separarme me equivoco, que la cosa no va por ahí. Que su plan es mi plan porque yo también soy parte del todo, aunque lo haya olvidado.

Entonces tengo la oportunidad de volver a la senda propiciando lo que realmente necesito a través de la aceptación.

Y sigo siendo libre de volver o no, pero si no lo hago, las consecuencias del conflicto se van agravando.

Parece como si la vida alzara su voz y compensara simétricamente mis errores con consecuencias, restableciendo así el equilibrio original.

Es habitual que a pesar de esas consecuencias continúe dándome de cabeza contra la realidad.

No cabe duda de que soy realmente libre de equivocarme.

Lo que no está tan claro es si soy libre de acertar.

Da la sensación de que el mejor plan posible está escrito desde el principio.

Y que si quiero mejorarlo, solo lo puedo empeorar.

LO QUE PUEDO CAMBIAR Y LO QUE NO

Así es como descubrimos bien pronto en la vida que no podemos cambiar todo aquello que deseamos.

Pero claro, esa no sería ya la cuestión verdaderamente relevante.

Porque en realidad el resultado de mis acciones nunca es lo importante. Entre otras razones, porque no suele depender exclusivamente de mí.

La verdadera pregunta con la que la vida me interroga a cada momento es qué voy a hacer al respecto.

Querer mejorar las cosas es lo natural. Todas las formas de vida del universo estamos programadas con este código.

Pero la actitud más adaptativa y de mayor potencial es precisamente la aceptación.

No una aceptación pasiva, donde nos dejamos llevar o renunciamos y nos rendimos. Sino una aceptación activa que implica ver y oír, entender y valorar.

Esta aceptación conlleva la aceptación de nosotros mismos y, con ella, la aceptación de nuestro rol en la totalidad.

Y es solo entonces cuando deseo y necesidad se vuelven a alinear con el fluido plan universal de transformación.

Pedía el sabio serenidad para aceptar las cosas que no podemos cambiar, valor para cambiar las que sí podemos cambiar y sabiduría para poder diferenciarlas.

Pero quizás sea más sencillo simplemente aceptar la realidad.

Toda.

Así quedamos en paz con lo que no debe cambiar y propiciamos el cambio de lo que verdaderamente necesita transformarse.

EPÍLOGO

TRANSGÉNESIS

Los conflictos se transmiten de padres a hijos y de generación en generación.

La violencia de hoy no solo está ocurriendo hoy. Es una voz que resuena desde un pasado eterno.

Por eso cada vez que trascendemos un conflicto, no solo nos sanamos a nosotros mismos.

La energía de la transformación traspasa la barrera del tiempo y se expande en todas direcciones hasta sanar el último ápice de dolor.

Entonces todos los muertos quedan en paz y el equilibrio original queda de nuevo restaurado.

KOLIMA
BOOKS